RidiculousAI

1ª Edição • I•V•MMXXIII

Samuel•Sampaio•Krugner

Prefácio

"Ridiculous A.I." é a maneira mais agradável que encontrei para demonstrar minha angústia sobre o que a maioria das pessoas pensam, acreditam e falam sobre o futuro delas.

Dentro desse livro, toda vez que me referir as "Ridiculous A.I." estaremos nos referindo as Inteligências Artificiais, Robôs, Computadores, ou qualquer outro aparelho eletrônico, que tenha, de algum modo algum tipo de processo programado, parecendo serem "inteligentes".

Utilizando de palavras simples, irei dizer sobre minhas experiências no passado, o que vejo no presente e o que imagino que ocorra no futuro, com minha simples visão.

Com isso, desejo que vocês leitores e leitoras, possam, por vocês mesmos, perceberem através do dia a dia, ou relembrar o passado de vocês, que nós deixamos certas coisas passarem desapercebidas sobre a tecnologia.

Assim eu e você, poderemos todos juntos, ficarmos atentos com o futuro e não tão preocupados, com o que a maioria das pessoas dizem.

Quando eu comecei a escrever esse livro, eu tinha muitas anotações, experiências e vários pensamentos pra transcrever. E comecei a escrever ele, para um público mais técnico. Há dois dias antes de lançá-lo, quando fui fazer a última revisão, percebi que estava errado. As pessoas técnicas, estão eufóricas com as "Ridiculous A.I." Cada nova melhoria, cada nova versão, cada nova câmera, cada pequeno novo do mesmo já surgem muitas notícias de: Agora as ditas "Ridiculous A.I." irão substituir isso, irão fazer isso, empregos irão acabar... Calma. Não é isso. Porém, é impossível ir contra a maré. A maioria das pessoas pensam isso, ouviram seus pais e avôs dizerem isso.

Por isso, mudei o foco. Esse livro é para as pessoas que não são técnicas profissionalmente. É para pessoas que acreditam que o "caseiro", "manual", "personalizado" é o que tem de mais valor.

E assim, o é.

Nos capítulos há vários exemplos entre o Ser Humano,

Cérebro Humano, Inteligência Orgânica COMPARANDO COM a "Ridiculous A.I.", Computador.

Irei mostrar de uma maneira menos técnica possível, que tudo é euforia. Desde o invento da energia elétrica até o hoje em dia, com o carregamento de baterias de maneira sem fio.

Veremos também que essas "Ridiculous A.I." perdem muita capacidade quando comparadas ao ser humano. Elas se tornam muito limitadas.

Através de exemplos, veremos que no passado já passamos por isso. E que o ser humano, não foi trocada pela máquina. Pelo contrário: o ser humano foi e é mais valorizado ainda por causa delas.

Vamos dar um exemplo agora: Em um tempo não muito distante, foram criadas as fábricas de bolo. As "Ridiculous A.I." nem eram chamas assim na época... Tudo começou a ser feito sem ter o contato humano. Desde os ingredientes, massa, porções. O bolo sai sempre igual, é limpo, tem durabilidade. Diziam que era o fim das pessoas fazerem bolo em casa... Pois é, o tempo passou e mostrou que esses "bolos" são iguais, padrão, limitados... Acredito que isso fez até os bolos "caseiros" se tornarem melhores e mais caros.

Mais um? Eu gosto muito desse exemplo. Sou um apaixonado por música, em especial piano. Em plenos Anos de 2023, por mais esforços, estudos, pesquisa que se é feito, o Piano Digital não consegue reproduzir com exatidão, e muitos dizem, nem chegam perto de um Piano. Podem sim ter recursos, facilidades, mas quando comparam o Piano Digital com um Piano, se sentem impressionados com tal som completo. Pudera, como veremos a seguir nos próximos capítulos, tudo que for "transferido" para o digital ou "Ridiculous A.I.", perderá muito de sua essência.

A partir disso, começamos a ver que essa "Ridiculous A.I." é totalmente prematura, pois é somente um fantoche enfeitado, um assistente virtual enfeitado, um Frankenstein tecnológico de muito, muito mal gosto reciclado a cada dia pelo marketing a fim de fomentar a histeria da maioria das pessoas (BrainNet) técnicas, que, como uma avalanche iniciada por volta dos anos 80 (com a explosão dos computadores pessoais) insistem que ela, um simples computador (Máquina de Turing), estaria substituindo o ser humano.

Nos filmes vemos tudo isso de uma maneira tão grande, que até mostram um mundo sem pessoas, somente máquinas.

Ahh, quem não se lembra do Filme De Volta Para o Futuro? No filme, o futuro iriam ter carros voadores, skates voadores, etc...

Sim, claro, temos alguma coisa, mas é bem diferente do que assistimos nesses filmes.

Este livro é para acalmar e permitir uma respiração mais tranquila e profunda, sobre a tecnologia e permitir se tomar como exemplo para qualquer outra comparação de outos meios.

O Ser Humano é um ser RACIONAL (faz uso da razão)!

O Ser Humano vive e luta pela sobrevivência.

A Máquina não vive, não tem vida.

A Máquina não pensa, ela processa programas (algoritmos pré-programados).

ESTE LIVRO NÃO DITA REGRAS, SÓ TENTA DEMONSTRAR A DIFERENÇA ENTRE A INTELIGÊNCIA COMPARADA COM OS PROCESSOS ARTIFICIAIS. REFLETE A OPINIÃO PESSOAL DO AUTOR NA DATA DE 1 DE MAIO DE 2.023. CASO VOCÊ SE SINTA OFENDIDO, SEJA HUMANO, MÁQUINA OU ALIENÍGENA, POR FAVOR RECONSIDERE A MINHA POSIÇÃO DE PESQUISADOR E IGNORANTE SOBRE A VERDADE ABSOLUTA DO "TUDO" E CONSIDERE SOMENTE OS TEXTOS CONTIDOS COMO FORMA DE ENTRETENIMENTO E REFLEXÕES PRÓPRIAS. Porque a final, todos estamos em um eterno aprendizado.

Krügner, SS

Abraços Fraternos

Amor E Bênçãos

E assim o é

1 de Maio de 2.023

O fascinação pela Inteligência Artificial acontece desde quando começamos a ter contato com alguma máquina. Seja computadores pessoais, fliperamas e video-games.

Sempre tive um contato íntimo com a informática, assim como todos mais tarde o tiveram e passaram a questionar: "Quando os computadores superariam o ser humano, em inteligência.

Neste livro, enumero vários momentos dos quais eu, em minha experiência me deparei com essa dúvida, principalmente com situações que bastando leve análise, fica claro essa prematuridade de nomeação.

Com isso tento a minha visão, demonstrar que a máquina não pode superar a mente humana, tecnicamente e fisiologicamente falando.

O Cérebro humano possuí uma maneira de existir e conectar os neurônios de uma maneira lógica e única. O modo de ativação, além de ser instantânea, tem uma precisão jamais vista de atingir "espacialmente" todo/ parte dos neurônios, nas várias regiões da cabeça.

Além disso, nosso cérebro possuí regiões que contém informações de todos nossos antepassados, organizados também dessa mesma maneira "espacial".

Quando eu falo "espacial", me refiro que não é uma maneira contínua sequencial, mas sim seu arranjo em toda caixa craniana.

Possuem em sua síntese uma organização tipo 4d de organização que jamais poderão serem sequenciadas, com o conhecemos hoje a parte digital pois é um tipo de 3d na sua totalidade, simplificando.

Mas as demais pessoas, possuem esse fascínio: sobre quando a máquina superaria a inteligência humana.

Talvez porque desde pequeno tenha o contato e o conceito sobre computador, ao me deparar com esse termo "Inteligência Artificial" tenha assustado e começado a dar uma atenção maior sobre essa questões.

Deveriam sim haver muitos passos intermediários até a ascensão das máquinas.

Não há nada que justifique esse grande salto, a não ser

a histeria das pessoas, também conhecida como BrainNet.

No decorrer dos capítulos deixarei as várias experiências, detalhando e me importando até mesmo com os pequenos detalhes, trazendo inclusive a atmosfera nostálgica desde o tempo onde o berço da tecnologia nascia até hoje nos anos de MMXXIII.

E no final, como último capítulo, deixarei vários desafios, para as então atuais conhecidas como Ridiculous A.I. , colocando-as a prova diante de sua inteligência limitada, pra não dizer ridícula, perante nossa inteligência humana.

Utilizando como padrão a excelência, não sou programador, analista, músico, desenhista, modelador, esportista, criador de efeitos sonoros, desenvolvedor de jogos independentes (índies), segundo a alguma organização certificadora, mas sempre as exerci, como autodidata, com muito afinco, carinho e amor.

A máquina de Turing, pode até ser e o é fantástica, futurística, com uma construção inteligente, mas o trabalho realizado é mediocre; rápido porém desprovido de inteligência, cego, dirigido, limitado, finito, previsível, inerte.

Recentemente li que: As "Ridiculous A.I." tem de terem o propósito de fazerem o trabalho chato, deixando assim, mais tempo, para o ser humano criar.

Qualquer um de nós, ficaremos sobre pressão, se estivermos em um grupo, e esse grupo segue para um destino. Se o grupo está cantando um Rock, você não pode cantar um POP. É mais ou menos isso que ocorre com a maioria das pessoas (BrainNet)..

Espero que com esse livro, todos tenhamos uma idéia sensata, real e verdadeira sobre essa utopia, ajudando assim todos desse planeta a galgarmos com passos mais largos rumo a soluções abrangentes, de eternidade, invenções; e não de limitação, escassez, retrógrado.

Sobre o Autor

Samuel Sampaio é natural da cidade de Rio Claro, 200km da Capital do Estado de São Paulo, no Brasil!

Nasceu em 1975, no mês de março, no dia 10. Pisciano, ascendente em Áries e Lua em Aquário.

Filho de programador, teve seu primeiro contato com computador aos 7 anos de idade, em um TK-2000. Logo após, conheceu o Microcomputador Expert (MSX), o CP-500 (Prológica) e pouco tempo depois o Tk-3000 o qual possuía uma Placa TK-WORKS que permitia o uso do dBase.

Pouco mais de 1 ano viria a conhecer o PC-XT, na época o Processador 8088.

Por volta dos 8 anos teve um artigo publicado na revista Micro Sistemas, na seção DICAS, (onde se apresentavam códigos pequenos com programações interessantes) em 2 linhas um código que tornava possível criar círculos em computadores Apple (impossível para a época).

Mais tarde, inventou a própria Engine 3D para games e aplicações, em C++ puro, o qual fez conseguiu 2o lugar como melhor game, 2o lugar trilha sonora (compôs 11 trilhas) e 2o lugar efeitos sonoros no concurso Brasileiro de Games, oferecido pela Ancine/BR

Em 2001 foi entrevistado pelo Sr. Mauritz na rede IRC/ #Brasnet sobre Desenvolvimento de Games no Brasil e segurança de Dados.

Iniciado em programação comercial (Linguagem Clipper), por volta dos 14 anos de idade, passou atender várias empresas, comércios e indústrias no interior de São Paulo, utilizando recursos de "baixo nível" para personalização de sistemas.

Aos 17 anos lecionou para cerca de 1.000 alunos como Instrutor de Introdução a Informática, com assuntos sobre Sistema Operacional, Planilha Eletrônica, Banco de Dados.

Formou-se como tecnólogo em PDD – Licenciatura plena como P2 registrado no MEC e publicada no Diário Oficial de 1997.

Trabalhou em várias agências, dentre elas exerceu como programador do BOSS (sistema de gerenciamento de sistemas, sendo um dos primeiros workspaces comerciais).

Um dos precursores na criação de Sistemas com interfaces gráficas (Windows) no Aplicativo (LISTA FACIL).

Programou vários sistemas, dentre eles, Sistema de Controle de Pontuações de Vendas (EATON/SA), Programador de Cálculo de Vacinas em Gado (PFIZER/SA), Sistema Gerenciador de Extintores (AJINOMOTO/SA).

Também foi desenvolvedor de um Engine 3D próprio para a construção de jogos em C + + onde foi-se construído o jogo "Paredão Total", distribuído no Brasil e na Espanha pela empresa DIGERATI. Com esse mesmo Engine 3D, desenvolveu o projeto 3DAVC Simulador de Ambientes Virtuais Cerâmicos.

Trabalhou em uma das primeiras transmissões ao vivo via Internet, desenvolvendo o Chat Interativo com a empresa PROPAGANDO/CAMPINAS do evento REVESTIR 2006/ASPACER.

Atualmente faz pesquisas na Programação 3D, Realidade Virtual, e nas horas vagas modela no zBrush.

TODAS AS MARCAS/EMPRESAS aqui citadas, não se referem ao contexto do foco do livro, bem como não expressam alguma imagem, posição ou opinião e muito menos foram relevantes para o texto em sí. São somente referências de trabalhos subentendido como biografia, sendo assim isentas de qualquer citação externa.

Capítulo 1 A Verdade

.....: : : : : : : : : . . . .

    Esse capítulo foi rearranjado, isso mesmo, realocado para termos essa noção geral do que falaremos aqui, inclusive exemplificando nesse momento (e não guardando para o final, para se fazer suspense) sobre a "Ridiculous A.I." de criação de imagens.

    Dessa maneira espero que nossa leitura se torne mais dinâmica, o invés de ser sequencial com a maioria dos livros o faria.

Formatado I.A

Eram inícios dos anos 80.

Um da geração X, que na vivência do tempo, um dos poucos privilegiados na geração Y, a ter aquela máquina.

Já conhecia o video game, máquinas de fliperamas, e um tal de vídeo-jogo...

Era mais que televisão (embora ela não tivesse capacidade de montar uma imagem com tantos detalhes, mesmo de uma imagem analógica). Era mais que um aparelho de som (embora não tivesse a capacidade de tocar música com voz), era mais que uma biblioteca de informações (embora precisasse de uma memória auxiliar (fitas cassetes)), era mais que muita coisa, mais rápida para calcular, para fazer coisas aleatórias, etc., (mas jamais tínhamos a indulgência de sequer comparar a uma mente humana).

Mas aquela máquina era mais que isso: ela podia criar jogos.

Era um equipamento parecido com uma máquina de escrever, que não tinha papel mas tinha um visor (a TV ou um monitor) e o que a digitávamos aparecia na tela.

Na sala estavam meu pai e meu tio.

Me recordo que o primeiro texto digitado foi:

10 HOME

E eu achei muito engraçado!
Pensei, agora será digitado:

20 MULHER

Mas eles digitaram a linha de programação que mais veria desde então:

20 PRINT "HELLO WORLD"

E digitaram:

_ RUN

Então a tela ficou limpa e no topo ficou escrito a frase.

Era um computador.

Sim, era um computador!

Tínhamos um computador!!!

Era o TK-2000, e era sim. Era mais que um video game. Eram todos os videos games juntos que existiam e que viriam a existir. Eu tinha ali a minha frente um verdadeiro portal, que quando eu o compreendesse (e naquele instante, magicamente, me dispus a enfrentar tudo e a todos) entraria e faria os jogos que eu quisesse, da minha maneira, do meu jeito.

O processador 6502 possuí a sua capacidade medida através da quantidade de operações aritméticas que fazia por segundo.

Essa medida passou a ser o padrão de capacidade de processamento dos processadores.

Faço aqui um parênteses sobre algo interessante. Alguns entusiastas fazem teste aumentando o "clock" ou turbo de processadores modelo 386, mantendo a temperatura baixa com grandes criatividade, chegando grandes velocidades...

O importante nesse momento é relembrar esse início de processo de socialização entre o homem e máquina: a aplicação e inserção do computador na casa das pessoas, que princípio era simples entretenimento.

Os computadores passaram então ajudar no cotidiano das casas, sendo ajudando na elaboração de textos com os processadores de texto, fazendo capas e impressões de calendários para ajudar na organização de tarefas, gerenciamento de dados, e principalmente o entretenimento, com jogos ou brincadeiras multimídia.

Desde esse início dos tempos em relação ao contato com computadores, começamos a compreender as possibilidades de substituição do ser humano pela máquina.

Nas empresas, os computadores já eram conhecidos, mas estavam muito longe de terem autonomia de substituir o papel, atas, cadernetas.

Me recordo que nos bancos, os saldos eram anotados a caneta a cada operação! :)

Retornando...

Era comum dizermos: nossa, algum dia teremos um robô tocando violino, piano... Algum dia, o computador irá fazer tudo.

Memorize bem essa essa informação. Mais a frente veremos que isso refere-se a um ponto em comum: até onde o computador poderia substituir o ser humano.

As "Ridiculous A.I." criadoras de imagens

.....	.	.	.	.	.	.	.

As nomeadas "Ridiculous A.I." que "criam" imagens, são baseadas em imagens já criadas, com minuciosas e devidamente TAGs adicionadas. Ou seja, cada imagem, tem por exemplo: Tipo de pinceladas, estilo, maneira do pintor, base de aplicação da tinta, composição da tinta, época do pintor, modo de imagem (3D, sombreado, HQ, realista, etc) e etc etc etc

Quando pedimos para essas "Ridiculous A.I." criarem, elas fazem a pesquisa conforme sua PROMPT tentando localizar as TAGs (etiquetas). Fazendo assim o tal "FrankStein", "Pout-Pourri" , "medley" e criam a tal imagem. Muitas vezes com várias deformações. Depois de um certo tempo, percebemos que as imagens, por mais "ilimitadas" que sejam, segue um padrão.

Se vocês repararem um pouco mais, é perceptível quando uma imagem foi criada por uma "Ridiculous A.I.", elas tem um estilo próprio, o "estilo artificial" nelas.

O que pode ocorrer é que uma pessoa pode utilizar uma imagem gerada por uma "Ridiculous A.I." E trabalhar em cim dela, fazendo modificações, correções, adicionando elementos reais.

Fazendo uma referência ao capítulo Realidade / Limitação, e sem perder tempo, teríamos o sensacionalismo tentando criar a qualquer custo, as máximas: Milhões irão perder o emprego, "blá blá blá".

Rapidamente grandes estúdios proibiram o uso da "Ridiculous A.I." em suas produtoras e fornecedores.

Se o Processamento de Dados auxilia desde o primórdio de sua criação na velocidade, a fim de facilitar o meio pelo qual ele é empregado, é só continuar utilizando como ferramenta de poio, mantendo assim a Nossa Inteligência Humana como a principal provedora.

Imaginem um artista, precisando de uma composição, criando por exemplo um estilo de bolsa com um detalhe novo, tipo, com 3 alças, e após pintá-lo com teu próprio punho e ao finalizar, perceber que gostaria de ter um mesmo modelo com 4, 5 alças menores e mudando certo detalhe de cor ou material?

Ele treinando a "Ridiculous A.I." e solicitando tais

mudanças, teria rapidamente o seu mesmo modelo, com as modificações necessárias (necessitando pequenos ajustes) e tudo pronto com tempo menor. Muito menos do que caso ele tivesse que pintar todos os outros modelos.

E agora, minhas amigas e amigos, coloco pra vocês a seguinte questão: A parte inteligente foi o Pintor, e a parte mecânica, a "Ridiculous A.I.". Como sempre foi feito e como sempre tem de ser, pois o propósito sempre foi esse.

E porque não deixar essa "Ridiculous A.I." criá-las?

Sim, claro que podemos sim. Só estamos antecipando os resultados reais e não a utopia que a que "BrainNet" promete por estar mergulhada.

Em nenhum momento desse livro até o momento e nem haverá até o final tal diretiva. Só estamos antecipando o quão errôneo o é para não perdermos detalhes que rapidamente iremos antever, como os que estamos pontando nesse livro.

Capítulo 2 Diferenças de Inteligências

Neste Capítulo descobriremos a diferença de Inteligência e Inteligência Artificial.

Também iremos verificar o que hoje a maioria as pessoas passaram a interpretar de maneira errada essa definição de Inteligência Artificial.

Natureza

Na Natureza tudo é equilibrado, tudo vive em perfeita harmonia.

Tudo, tudo, tudo é organizado.

Desde o átomo.

Através da natureza, conhecemos o equilíbrio perfeito dos átomos, através das leis da física.

Vocês sabiam que os elétrons dos átomos são trocados entre as moléculas pra ficarem organizados?

Na água por exemplo, é a combinação do Oxigênio e do Hidrogênio. Os elétrons são doados e recebidos constantemente para que tudo fique perfeita sincronia.

E dessa maneira, ficam "firmes", em perfeita harmonia graças ao princípio do equilíbrio!

E o universo todo segue essa regra principal.

Todos Somos Inteligentes

....

Vamos estipular que todas as pessoas possuam um cérebro saudável, ignorando os superdotados.

Com isso, veremos agora que não existe um de maior, ou menor inteligência, como muitos falam. Mesmo para aquelas pessoas que estudaram mais ou que tenham uma maior experiência "na vida".

Calma, chegaremos lá.

Vamos imaginar a seguinte situação:

→ Estamos andando por uma trilha na mata e reparamos em uma serpente a nossa frente.

→ Sem pestanejar, iremos parar e nos afastar.

→ Essa atitude será realizada por qualquer "tipo" de pessoa, seja ela com qualquer qualidade adquirida, seja ela com grande quantidade de conhecimento ou não.

Poderíamos aqui criar inúmeros experimentos menos ou mais complexos, mas nossa intenção é partir de um princípio básico para calcular as diferenças da inteligência humana.

Desde já, eu já arriscaria dizer que:

"Inteligência" é a capacidade do ser humano sobreviver com "o que se tem".

1) Se tivéssemos um conhecimento musical, poderíamos emitir um som o qual repeliria a serpente.

2) Se fôssemos um atleta, poderíamos correr rapidamente.

3) Se fôssemos um biólogo, saberíamos rapidamente se a serpente era peçonhenta e então faríamos a estratégia pré adquirida nos estudos (fingir-se de morto, ficar na posição de lótus, etc.).

4) E se eu não tivesse conhecimento algum, mesmo sem ter nunca visto uma serpente, certamente iríamos fazer o básico. Parar, observar e afastar.

Demais apetrechos, ferramentas, conhecimento, etc. poderiam serem adicionados e discutidos separadamente, mas a base jamais poderia ser mudada, a de que a Inteligência é a capacidade de lidar com "os problemas" com o que se tem.

É o instinto, o instinto de parar, pensar, solucionar criando uma maneira de solucionar para sobrevivermos.

Um coisa que temos certeza é o equilíbrio. E esse nosso instinto de sobrevivência nesse grande mundo é o que equilibra o homem quando ele existe, quando ele toma parte.

Conhecemos isso através do átomo, pela sua forma natural de troca de elétrons, deixando tudo em harmonia.

Por isso fiz um parênteses referente aos superdotados. Indiscutivelmente reparamos que essas pessoas, possuem um alto grau de destaque em algumas faculdades mentais, mas tem menos e até necessidades especiais em outras partes. Outros tipos de cérebros seriam de pessoas sem algum sentido, seja uma pessoa cega, ou surda. Automaticamente os outros sentidos são aguçados a fim de compensar. Falaremos sobre isso mais a frente também em "Fatores".

Historicamente falando, podemos dizer que Inteligência também é conhecida como um conjunto que forma todas as características intelectuais de um indivíduo.

Humana/Orgânica

Inteligência é um conjunto que forma todas as características intelectuais de um indivíduo, ou seja, a faculdade de conhecer, compreender, raciocinar, pensar e interpretar. A inteligência é uma das principais distinções entre o ser humano e os outros animais.

O nosso cérebro tem um poder de processamento muito diferente:

Ele não é digital e tem pelo menos mais de 2 dimensões.

Sim, é possível exemplificar para sequenciar parte da memória humana, mas jamais correlacionar ela.

De um maneira mais clara:

Inteligência Artificial seria em 2D e a Inteligência Humana a partir de 3D.

Um outro exemplo são as películas de filme.

Filmes gravados com películas tem quase uma infinita quantidade de pixels, caso sejam convertidas/captadas em sensores digitais.

E qual o problema de tudo isso?

Limitação:

Ouça uma música em MP3 compactada.

E depois ouça a mesma música em uma "sonata" e disco de vinil.

E ainda, ouça a mesma música ao vivo acústica.

A quantidade de informação quando adaptada aos moldes digitais, perdem muita informação.

Informação essa que o cérebro possuí.

A inteligência orgânica é ilimitada, a digital é finita, baseada no que foi aprendido.

Bom, e nem precisamos comentar a respeito da Imaginação, algo pertencente somente a nossa Inteligência Orgânica, nosso cérebro.

Digital / Binário

Vamos "brincar" um pouco e pensar como um computador:

Imaginem uma chave, um interruptor: ligado e desligado.

Consideremos somente esses dois estados:

Ligado e desligado, sendo 0 e 1, com 0 é desligado e 1 é ligado.

E isso é tudo o que a máquina faz.

Mesmo essas poderosas placas gráficas, carros que dirigem sozinhos, etc. são formados por LITERALMENTE sequências de 0 e 1.

O aglomerado desses números/chaves é oque temos a nossa frente, denominada "Ridiculous A.I."

É tudo uma sequência digital:

101010100010101011011101011010101

A capacidade de processar dados em grandes velocidades faz com que dê a impressão de inteligência.

Isso é de longe ser inteligente. Isso só é ser rápido.

Em nossa cultura os rápidos são os mais inteligentes.

Eu por exemplo, particularmente falando, acredito que o mais inteligente é o meio que utiliza menos recursos e menos processos (nessa sequência). Seria obter o resultado com o menor esforço (energia). E sempre aprimorando.

Talvez até seja correto usar o termo inteligência por fazer rápido se o termo inteligência fosse limitado a isso. Mas, mais uma vez o termo inteligência foi remodelado a fim de querer dizer: racional, tomar decisões (como um computador).

Cérebro Plástico

....

É hilário dizer mas é isso mesmo. O cérebro humano, nosso cérebro é plástico. Ele se adapta a uma nova realidade. É capaz de se modificar totalmente perante um novo dogma, e de uma maneira muito maior que o 3d.

Já a máquina não, o máximo que conseguiria seria trocar suas informações multiplicando ou invertendo até, e tudo isso na sua ilimitada forma 2D.

Processar Dados

O termo PROCESSAR DADOS é o que melhor exemplificaria a real aplicação de um computador.

Conforme a evolução exponencial das aplicações, talvez esse princípio tenha se modificado, da mesma maneira com os termos:

Analista de Sistemas

Programador

Desenvolvedor

Técnico

T.I.

etc.

Conforme esses nomes foram se modelando a fim de satisfazer nichos de aprendizados e conceitos, o termo Processamento de Dados foi ficando para trás.

Um coisa é correta: Tudo é processamento de dados:

I/O (Input / Output) Entrada e Saída.

E é isso que o computador sempre fez e sempre fará: processar dados.

As "Ridiculous A.I." só processam dados. Eles recebem (input), analisam, classificam, separam, transformam, ordenam e nos retorna com o formato pré requisitado.

As "Ridiculous A.I." utilizam de um algoritmo definido, programado, configurado, parametrizado.

Infelizmente

....

Mas infelizmente.

Infelizmente mesmo, não é sempre é assim.

A questão é que quando referimos a inteligência das "Ridiculous A.I." estamos nos referindo a uma capacidade superior a do ser humano (que é mui abrangente que qualquer máquina), o que é totalmente errado.

O nosso cérebro tem um poder de processamento muito diferente:

O cérebro humano não é digital, pois tem pelo menos mais de 2 dimensões. Falaremos nos próximos capítulos sobre isso, inclusive sobre a possibilidade de sequenciar parte 2D do DNA.

"Ridiculous A.I." seria em 2D e a Inteligência Humana a partir da 3D. Além que o acesso a essas informações no cérebro seriam possíveis de maneira entrelaçada.

Existem algumas coisas menos radicais para se comparar, porém mui interessantes.

Vamos começar com uma clássica: Películas de Filmes

Filmes gravados com películas tem quase uma infinita quantidade de pixels, caso sejam convertidas/captadas em sensores digitais.

Se pegarmos uma fotografia digital e utilizarmos o recurso de zoom digital, facilmente iremos ver os pixels (quadrados pequeninos que formam as imagens).

Se formos falar então sobre a compactação, puxa, ficaremos horrorizados com a perca de informação, como mostramos em seguida...

E qual o problema de tudo isso?

Limitação:

Ouça uma música em MP3 compactada.

E depois ouça a mesma música em uma "sonata" e disco de vinil.

E ainda, ouça a mesma música ao vivo ou em acústica.

A quantidade de informação quando adaptada aos moldes

digitais, perdem muita informação.

E isso é exatamente o que ocorre quando a inteligência humana é condicionada das "Ridiculous A.I."

Informação essa que o cérebro possuí.

A inteligência orgânica é ilimitada, a digital é finita, baseada no que foi aprendido.

Bom, e nem precisamos comentar a respeito da Imaginação, algo pertencente somente a inteligência orgânica.

O computador (Máquina de Turing) é totalmente imperfeita (ao se comparar com o ser humano, seu cérebro), porque todas se baseiam dos mesmos moldes, mesmo conteúdo. Elas não são diferentes.

O ser humano é perfeito, porque são diferentes entre sí.

Até mesmo os gêmeos são diferentes entre sí.

Cada um tem sua própria inteligência.

Uma inteligência própria.

Uma inteligência única.

Capítulo 3 Outros Fatores

Há inúmeras diferenças entre a Inteligência Orgânica e a Inteligência Artificial.

No decorrer desse capítulo, tentaremos classificá-los colocando em algum tipo de grupo ou separando por fatores.

Outros Fatores

Esses 9 outros fatores que falaremos aqui, poderiam serem criados um capítulo a parte para cada um. Mas tentarei resumir sem perder a essência

FATOR 2 Relacional

O outro fator, que chamaremos de FATOR 2, (o 1 é a Inteligência) é o fator que chamo de Relacional, são as pessoas ao nosso lado, a pessoa com a qual interagirmos.

As Máquinas "pensam" de maneira lógica. Só utilizam algorítmos pré-programados. Seguem a risca suas fórmulas, ignorando os fatores relacionais (a menos que se crie uma regra, e se adicionada, ela se torna mais uma chave lógica).

No caso dos seres humanos, toda essa lógica pode ser alterada através desse fator. Temos constantemente maneiras diferentes de interagir um mesmo assunto com pessoas diferentes, pois conseguimos identificar através de nossa empatia o que a pessoa precisa, quer dizer. Isso nos influencia utilizarmos um vocabulário diferente, um exemplo diferente, uma metáfora, brincar menos ou mais, etc.

A frieza da máquina e mesmo que ela simulando uma empatia é superficial tato quanto ela.

FATOR 3 Relacional Impessoal

Fator 3, nomearemos de Relacional, nos referindo ao impessoal, inclusive por todo o externo e invisível, principalmente as energias de planetas (exemplo: lua).

Temos conhecimento da relevância da lua sobre as marés no planeta terra. Também temos conhecimento que nosso cérebro é acionado por baixas frequências magnéticas.

Trabalhando nesse conceito, todos os planetas exercem certa influência. Essas influências magnéticas poderiam serem encaminhadas o sol, e como catalizador, direcionadas ao planeta terra, através dos ventos solares. Sendo assim, nossas mentes seriam influenciadas por tais momentos.

Repare que há tempos usamos a expressão: tú é de lua? Já repararam que maioria das pessoas do signo de áries tem um senso de humor aguçado? QUe as pessoas de leão tem uma postura e um brilho próprio por onde passam? Que as pessoas de peixes são "desligadas" do mundo material, sonhadoras? Que as pessoas do signo de escorpião são pessoas com aptidão ao comércio?

Da mesma maneira os planetas exercem uma certa influência.

O foco aqui não está na astrologia em sí, mas sim no conceito de que existem/possam existir vários fatores externos dos quais podem influenciar na mente humana.

FATOR 4 Ancestrais Árvore Genelógica

....

Temos ainda, não menos importante, o Fator 4:
Ancestrais, Árvore Genealógica.

Costumo lembrar e me pego rindo que a questão genética
talvez seja o fator mais palpável sobre comprovação de que
existem fatores externos que influenciem a nossa mente.
Mas isso não é regra.

Vamos usar um exemplo bem visível: eu tenho parentes, 3
primas de segundo grau que são idênticas nos sorrisos. A
feição da face é bem parecida.

Também me recordo que um dos fatores da saúde,
envelhecimento, calvície, possíveis problemas no coração,
diabetes, etc, são constantemente citados.

Possivelmente então, a maneira de pensar de uma família
poderia ser passada através dos genes.

Mais que isso, temos também as informações de nossos
ancestrais em nosso DNA.

Há empresas especializadas que mapeiam nosso DNA
listando as várias etnias e localizações de povos antigos
dos quais nosso DNA pertence.

A nossa Inteligência contém muitos (ingredientes) pra
formá-la e a do DNA se torna um dos maiores diferenciais,
inclusive literalmente falando referente as "Ridiculous
A.I.".

Convivência

Ainda no exemplo do sorriso de minhas primas de segundo grau, podemos verificar que a convivência familiar, mesmo não sendo do mesmo sangue, contagia e influencia em nossas ações, até mesmo em nossa aparência.

Recentemente ouví dizer que as pessoas acham uma certa filha parecida com sua mãe, mesmo sabendo que não são do mesmo sangue (adotiva).

As feições acabam sim se adaptando e transformando fisicamente.

Reparem no extremo quando vemos PETs e seus donos. O sorriso dos PETs acabam sendo mui similares, se tornando até irônico.

Também podemos nos referir a comunidades. As igrejas, ainda não falando da parte espiritual, possuem dentro de suas edificações reuniões de integração. Essas comunidades passas então a criarem seus próprios dialetos, principalmente na juventude, com seus esportes favoritos, passeios, brincadeiras. Com isso tempos um tipo "BrainNet". Eles se organizam para exercer o bem comum, aplicar os ensinamentos, nos mostrando mais uma vez o poder da influência por esses outros fatores que são identificados na nossa mentes.

O que seria impossível com as "Ridiculous A.I.".

Psiqué

E a parte filosófica?

O ponderamento, a caridade, o sentimento de empatia, superação, foco.

O ser humano, tem muitas interpretações do mundo que são bem sutis.

Alma, pensamentos, interpretações, como nos sentimos com nossas experiências e também não só a experiência em sí, mas toda a jornada.

Isso é personalidade, psiqué.

Máquinas não possuem isso.

A Máquina de Turing é somente mecânica.

Sonhos E Desejos

Sonhos, desejos!

Sim temos muitos. E sonhamos com isso!

Pesadelos, decepções.

Também temos isso.

E isso muda nosso humor, nossa maneira de ser.

Nossa Inteligência é afetada por dias bons e ruins.

Mas e elas? As "Ridiculous A.I.".

Para elas todo dia é cinza. Não sonham, não tem pesadelos.

Espiritual

....

Agora sim, podemos falar um pouco sobre a influência de dogmas.

Ví certa vez uma série sobre mentes, mostrando através de ressonância magnética, áreas super desenvolvidas e sensíveis de pessoas integradas alguma religião, independente de qual seja.

Tais pessoas tinham portanto uma área específica do cérebro tão influenciada a qual exercia praticamente grande parte da tomada de decisões, segundo sua crença.

Essa seção poderia ser maximizada se falássemos de Astrologia, Espiritismo, Religiões, Associações, Retiros. Porém, sem menosprezar algum deles, estamos limitando somente os efeitos de um modo geral sobre a Inteligência Orgânica e a possível influência na "Ridiculous A.I.".

Podemos incluir aqui nesse fator, também as crenças, superstições, mitos, simpatias, PNL, hipnoses.

Também podemos incluir alguns rituais:

Atualmente (ano de 2023) retornou um costume de um chá, acho que é "Ayahuasca".

Me recordo que por volta dos anos 2020 estudei um pouco sobre um outro chá: "Ibogaína", mas realmente não me recordo se tinham ligação.

Estou apontando esses "chás" como um tipo de efeito que poderia ocorrer em uma mente, na Inteligência Orgânica.

Dizem que esses "Chás" ativam poderes de visões, intuições, viagens astrais, curas. Que são rituais de antigos índios. Que ajudam a ter um visão diferente da vida.

Certamente esses tipos de chás jamais fariam algum efeito em uma "Ridiculous A.I.".

Substâncias Tóxicas

Esse item é somente para extender a seção anterior.

Nesse caso, falaremos rapidamente e bem resumidamente sobre as Substâncias Tóxicas.

Álcool, drogas ilícitas, remédios fortes, calmantes, etc. seriam alguns dos exemplos dos quais podem mudar a nossa mente, nosso Inteligência Orgânica, mesmo que por algum pouco tempo, e com o consumo contínuo, mudar definitivamente.

Todos sabemos as causas dessas substâncias e não estamos aqui para debater seus usos.

Mais do óbvio, as "Ridiculous A.I." jamais poderiam experimentar ou ter algum efeito com elas.

Estômago / Cabeça

....

Você já foi ao supermercado quando está com fome? Comece verificar e perceberás que acabamos comprando muito mais do que o necessário, sem questionarmos inclusive sobre a qualidade nutricional ou os preços.

Ou no trânsito, quando acordou atrasado, não tomou o café-da-manhã, saiu correndo, e está com dor de cabeça. Nossa paciência fica mui limitada e nos irritamos por coisas mínimas.

Eu realmente achei muito engraçado no início quando estudiosos e alguns neurocientistas vieram a mídia comentar a respeito de que o estômago poderia ser considerado um 2º cérebro.

Eu adiciono particularmente aqui uma nota muito importante, sintetizando com o que foi discutido no início desse capítulo: necessidade primária de sobrevivência!

O Cérebro muda com o possível perigo de não ter o que comer, ou com que saciar.

Outro item para adicionarmos em nossa lista das impossibilidades de uma "Ridiculous A.I.".

Patologias

Aqui está um fator muito delicado, pois envolve TDA, TDH, síndromes, medos, perda da memória, esquizofrenia, traumas físicos e traumas psicológicos etc.

Nesse caso específico, seria como direcionar para um grupo onde os cérebros superdotados fariam parte de uma mesma inteligência Orgânica. Já que esses efeitos poderiam serem dos mais adversos.

Esse item foi adicionado somente pra cumprir o montante de tipos existentes mais acessíveis e conhecidos.

Portanto, quando falamos de Inteligência Orgânica quando comparados as "Ridiculous A.I.", estaremos excluindo esse grupo, pois ele necessita de estudos específicos.

Agora imaginem, uma "Ridiculous A.I." não poderia passar por nenhum dessas necessidades especiais. Fatalmente se fosse possível qualquer um desses evento em um "Ridiculous A.I.", ela teria um curto circuito e não funcionaria.

Músicas/Cheiros/Meditação

....

Há tempos tenho uma playlist preferida, selecionada música por música, na sequência. Ela me ajuda a programar. Quando coloco ela, parece um ritual e meu cérebro é influenciado a organizar, focar, exercer o seu melhor.

Eu costumo priorizar ela.

Não utilizo para qualquer trabalho.

Quando vejo que preciso de uma atenção, foco total, esforço para atingir um objetivo, coloco ela.

Assim é com o cheio de limão. Ele ativa uma força incrível em meu cérebro.

Outro cheiro que gosto muito é do sabonete que lava-se as mãos. É um ritual. Se não sinto esse cheiro parece que não estou limpo.

A meditação é algo ainda pouco explorado, por parte de minha experiência.'

Mas o pouco que conheço, sou grato pelos efeitos de paz e tranquilidade que passa.

Meditação me faz lembrar de PNL, e de um exercício que eu mesmo criei...

_ Feche os olhos.

_ Imagine que é de noite.

_ E que está um pouco frio e você está em sua cama deitado, segurando o cobertor próximo dos ombros.

_ Então você se levanta, pisa no chão. Eles estão frios.

_ Você caminha até a cozinha, faz um pouco de força para abrir a geladeira e pega um pequeno limão.

_ Ele está frio, você segura ele com a palma da mão e fechando-a.

_ Pega uma faca, e corta-o!

_ Trás uma das metades próximo ao nariz e sente o cheiro do ácido forte amargo.

_ E você morde ele!!!!

Mesmo que você leia de novo e de novo e de novo,

facilmente poderás sua boca encher de "água".

Esse efeito do cérebro é algo natural, único de uma Inteligência Orgânica, jamais possível em uma "Ridiculous A.I.".

Vou me extender um pouco mais nessa seção e relatar mais um caso, e quem sabe um caso pessoal no final...

Existe um relato de um homem que trabalhava em um Frigorífico e em um dia antes de um final de semana prolongado por causa de um feriado, acabou preso em uma sala frigorifica.

Todos os outros empregados foram embora e não se deram conta com ele lá dentro.

Ele ficou desesperado e pouco antes de anoitecer, ele leu na parede -10° que era o limite daquela estufa.

Bom, no próximo dia útil, os empregados quando abriram a sala, encontraram essa pessoa já falecida, com sinais de hipotermia.

O incrível é que essa estufa estava desligada.

O poder da mente daquele rapaz foi tão forte que a sua Inteligência Orgânica simulou em todos os sentidos no cérebro uma temperatura de 10°.

Bom, decidí então narrar aqui uma das coisas mais surpreendentes que ocorreu comigo, no passado, com uma testemunha, meu colega de baladas Rodrygo.

Sempre combinávamos de sair juntos para as baladas de finais de semana. Já tínhamos nossas paqueras e então era de costume combinarmos o que faríamos, o que iria ter, onde iríamos.

Mas naquela semana havia um problema. Era época de festas juninas, e no interior é costume que as pessoas se vistam de "caipira" com roupas remendadas, chapéus de palha.

E em um dos principais clubes da cidade, haveria um grande show, e nossas paqueras e amigas iriam nela.

Mas ele clube era exclusivo e pago. Tinha que ser sócio. Para se entrar teria que comprar convite, e era muito caro.

O dinheiro que tínhamos, daria até pra entrar os 2,

porém não teríamos dinheiro pra comer, beber, etc.

Eu não sei porque, sinceramente não sei, mas eu disse ao telefone e depois quando o Rodrygo foi até minha casa 1 dia antes que nós iríamos entrar sem problemas.

Eu tinha isso registrado na minha cabeça, e minha "Inteligência Orgânica" certamente agiu e o universo conspirou para nós estarmos no lugar certo e na hora certa.

No dia, mesmo contrariado, o Rodrygo foi. Deixamos o carro no estacionamento próximo e fomos caminhando, e exatamente quando ele estava mais um vez comentando, eu disse:

_ Rodrygo, eu achei 1 convite.

_ Um não, 2 convites.

_ Encontrei eles no chão, próximo um posto de gasolina.

E foi tudo ótimo. Conseguimos entrar, divertirmos, economizamos dinheiro.

E o que isso tem a ver com a "Ridiculous A.I."? Nada, diretamente.

Mas indiretamente é um tipo de experiência que a "Ridiculous A.I." jamais poderia simular, entender, copiar, criar.

Final Capítulo 3

Certamente existem mui mais fatores.

E sabem o que é mais hilário dessa nossa pequena viagem que fizemos através desses fatores?

As "Ridiculous A.I." não possuem nada disso. Para elas tudo é cinza, não existe dia ou noite, não existem as cores, não existem as 7 notas musicas. Nada disso elas podem "sentir". Podem somente escrever, desenhar mas jamais sentir um por do sol, sentir o frescor da água, sentir o paladar de um café quente, sentir o gosto da uva, ou ter o sentimento da lembrança, do amor, sentir sede, dor, sentimento saudade.

Clair The Lune por Debussy

Como uma "Ridiculous A.I." poderia criar uma composição tão bela quanto Debussy em Clair the Lune? É até imensurável tentar encontrar um significado a essa música!

Façam uma pausa e façam esse teste:

Ouçam Clair de Lune, em toda a sua extensão e tentem sentir a força que Debussy continha.

Debussy foi rejeitado antes, depois e durante seu aprendizado de música e detém uma das músicas mais tocadas de todo o tempo.

Meu pai costuma dizer que uma das coisas mais sensacionais que existe é a gente ler uma mesma estrofe de um texto e conseguir ter um conhecimento diferente.

Assim é com essa música. Ela consegue atingir com seus sons, com sua melodia, com sua dinâmica

Assim como cada pessoa é diferente, desde a última vez que a vimos.

Uma "Ridiculous A.I." é sempre a mesma, não é "plástica" como nosso cérebro que vive em constantes transformações.

Capítulo 4 Outro Prisma

Se faz necessário alguns pontos passados aqui com uma
visão mais detalhada tecnicamente a fim de verificarmos a
possibilidade de quanto mais escavarmos, mais erros de
nomeação encontraremos e tudo é só mais do mesmo,
fantasia.

Inteligência e I.A

O computador se tornou um grande biblioteca, uma imensa biblioteca.

Então qualquer coisa que procuremos a definição, temos a resposta rapidamente.

Quando unimos essa pesquisa com alguma automação, temos essa "Ridiculous A.I." !!!

Automação essa que é o Processamento de Dados.

Vamos aqui tentar demonstrar os passos que uma "Ridiculous A.I." faz a fim de obter um resultado bem vagamente com o de uma Inteligência Humana.

Vamos enaltecer essa seção para que utilizemos como padrão para todos os outros tipos de utilização dessa "Ridiculous A.I.".

"Ridiculous A.I." Para criação de imagem.

Primeiramente a pessoa tem que colocar um prompt.

Por exemplo:

Mulher no escritório com um chapéu vermelho na cabeça, trabalhando em um computador. Algumas "Ridiculous A.I." fazem a tradução).

Depois colocam Negative Prompt que quer fizer o que não querem na imagem.

Exemplo:

Computador antigo, parte do corpo cortadas (incrível ter que escrever isso, mas necessariamente é para forçar o não erro)

Depois escolhem o tamanho, quantidade de versões, e ainda estilos pré prontos de tipo de desenho: (Cartoon, Foto Realismo, Games RPG) ou ainda com algumas imagens enviadas previamente.

E é clicado para criar.

O Algoritmo das "Ridiculous A.I." fazem então sua "cama de gato" e criam uma imagem baseada em outros pedaços de imagens. Com o resultado, podemos mudar e irmos alinhando com o que queremos.

Exemplo: Adicionando o tipo de chão, (Chão de madeira), chovendo, ensolarado, etc.

Em muitos casos, ví adicionando alguns detalhes muito interessantes no ponto de vista técnico.

Exemplo: Engine Unreal, 4k, nomes de cameras, etc.

Eu realmente não compreendo o quão isso é necessário e o quanto é afetado. Só sei que existem prompts muitos extensos.

Mas comecem a verificar que é necessário sim muito de uma pessoa com talento para poder manipular.

O custo de tempo, aprendizado, tentativas é muito grande.

Eu realmente tentei várias "Ridiculous A.I." para testar. Não vou negar, é muito interessante. Mas os melhores resultados, personalizados, consegui utilizando uma imagem prévia enviada. E mesmo assim, tive um grande trabalho para o acerto de paleta de cores para se adequar a algo que poderia utilizar.

Após vários dias, tinha várias imagens geradas pela "Ridiculous A.I.".

E olhando todas, é perceptível verificar a similaridade.

Ao olhar minha galeria e comparar com as outra milhares de galerias, também foi possível rapidamente encontrar uma similaridade.

Então caros amigos e caras amigas, imaginem essa "Ridiculous A.I." como uma ferramenta que ainda está engatinhando.

Se assim preferirem aprender essas complexidades de prompts para se especializarem tudo bem.

Eu particularmente continuo tranquilo com minhas criações, montagens, edições. E claro, poderei sim utilizar quem sabe em algum dia futuro. Mas estamos falando de um futuro tão remoto quanto os carros voadores.

Esse exemplo poderia conter ainda muitas referências que elas possuem, como tipo de traço, tipo de artista, modo de operação, como muitas "Ridiculous A.I." possuem.

É hilário, mas imaginem vocês pedindo o seguinte:

Uma bolsa nova, nunca inventada, de couro, com uma alça

de corrente em formato de triângulos finos, dourada por fora e prateada por dentro (a corrente), etc...

E esperarem por algo satisfatório.

Sabendo-se que a "Ridiculous A.I." irá buscar "referências" e copiá-las...

Por mais que nós busquemos referências, jamais copiaríamos. No mínimo faríamos algo superior ao apresentado.

E essa "BrainNet"?

Créditos ao correto significado de "BrainNet" a Miguel Nicolelis, no livro "O verdadeiro criador de tudo", que define que BrainNet é quando várias pessoas pensam a mesma coisa, com um significado, planejamento, ação em conjuntos, inclusive contagiando as demais pessoas, pensamento contagiante.

Portanto, essa "BrainNet" sobre a idéia que essas "Ridiculous A.I." são superiores em sua totalidade ao ser humano, ou o pior: de que essas "Ridiculous A.I." estariam condenando muitas profissões, dizendo ainda que seria somente uma questão de tempo para "tomar todo o mundo".

Essa falsa epifania "vende", movimenta mercados, por parecer a natural evolução. O que realmente não o é.

Essa maioria de pessoas estão se espalhando em todos lugares, inclusive nas próprias pessoas do ramo da informática.

Se tornando um paradoxo. Pessoas essas que vendo, testando, verificando, fazendo experiências com essas "Ridiculous A.I.", mesmo colhendo informações incompletas, forçando resultados que de longe seriam minimamente plausíveis, continuam segurando a bandeira da "Ridiculous A.I." colocando-a no topo como superioridade da Inteligência Humana.

Esse paradoxo causado é passado desapercebido. Veremos no final desse livro em "Sobre outras coisas" outros problemas que essa BrainNet capitalista machuca os avanços naturais da informática, inclusive.

A Fantasia justificada para a captação de recursos deu liberdade para a publicidade, para o marketing em tempos em que o "ClickBait" é a moeda mais valiosa, o padrão de medida do sucesso, alimentando esse parte do capitalismo esfomeado por migalhas enquanto as grandes High Tech ficam com a maior parte do "bolo" para comerem as emergentes.

A bola de neve então estava construída, perdurando até hoje, tornando-se maior, maior e maior.... Até explodir tudo ou consumir todos.

Tudo é fator para justificar a captação de recursos. A preocupação inexiste e o pior nem é "vender o ovo" sem a galinha tê-lo botado.... mas sim o que realmente deveria importar é essa "BrainNet" criar uma idéia baseada em achismos das ditas High Techs, de uma imagem abstrata sem a preocupação de mensurar, sequer seu impacto.

O propósito deveria divulgar para as massas de que essa "Ridiculous A.I." , é o que sempre foi em seu propósito: que vem como ferramenta para facilitar processos repetitivos. Ou, seja, faz a parte "chata" do processo.

Mas não, infelizmente não:

A maioria das pessoas preferem ir contra e criar polêmica, difamando algo que em sua premissa já é errônea: de que a "Ridiculous A.I." irá retirar empregos (caso se isso fosse realmente possível).

De maneira resumida, essa "BrainNet" acaba tendo como morada os especuladores de notícias sensacionalistas.

Realidade / Limitação

....

Quase todos aqui, em sua tenra infância tiveram contato com os computadores e muitos daqui, quando nasceram, a internet já existia.

Mas, alguns não.

Mas para os dois grupos, a idéia de máquina inteligente, Inteligência Artificial, possui uma imagem de ficção do tipo, um ser superior, que fala perfeitamente com voz (robótica), de um olhar sério (no caso robô), de um conhecimento infinito e sabedoria pra optar as melhores escolhas.

Mas não é isso que temos, nunca tivemos e nunca teremos.

Primeiramente, as escolhas dessas "Ridiculous A.I." são baseadas em textos digitais (sem memórias físicas) indexados talvez pelos mais acessados, ou mais curtidos, ou mais recentes, ou ainda por tópicos de áreas padronizadas.

Voz, postura, olhar, são dissociados. Seria como um pessoa chorasse por algo triste, não porque está sentindo tristeza, mas sim porque situação de tristeza compõe o choro como regra (uma encenação).

Aí está o termo utilizado quase que como um sufixo para as "Ridiculous A.I." : Learning , Trainning, e-Learning, e-Trainning. (??? Ou seria A.I Trainning?) Os termos começam a se misturar.

Temos ainda os fatores externos. Sim, isso mesmo. A chuva, o calor, a alta do combustível, o falecimento de algum ente querido, uma nova música lançada da banda favorita, etc.

Imagine-se jogando uma partida de xadrez contra uma "Ridiculous A.I." : Eu gosto de jogar o Gambito do Rei, onde oferecemos um peão em troca de posicionamento central. É uma estratégia bem linear (baseado nos milhares de estudos), onde existem poucas saídas para a defesa no início (abertura) a fim de deixar as peças brancas com ótima proteção. Ou seja, essa linha de jogo, possuí no máximo 3 variantes satisfatórias para um jogo equilibrado. No meu caso, qualquer um desses fatores externos me fariam me aventurar por um desses. Se eu estivesse feliz, optaria por exemplo por um jogo mais aberto. Se eu estivesse triste, eu poderia ficar muito mais distraído. E por fim, se eu estivesse focado, escolheria o que me permitisse ter mais atenção. O que definiria para a "Ridiculous A.I." escolher uma dessas variantes? Nada. Ela simplesmente iria utilizar e sempre utilizaria a que desse melhor chance baseada na matemática das peças.

O paradoxo das "Ridiculous A.I." seria duas "Ridiculous A.I." jogando uma contra outra, exemplo de um jogo de ping-pong. Se tornaria um jogo de "comadres", sem inovação, eternos.

A beleza da vida está na singularidade das pessoas, não no seu conhecimento, esperteza, inteligência.

Capítulo 5 Um outro Ângulo

Vamos retroceder um pouco, para falarmos por um outro ângulo, não muito diferente, já que em suma, todos somos usuárias(os) desse sistema chamado mundo.

As SoftHouses do Interior

Muito tempo se passou na mente daquela criança. Ela viu o limite de todas as gerações de Vídeo Games. Presenciou o pré nascimento na internet (BBS) e o nascimento da própria. Acompanhou a evolução do Analógico para o Digital em quase todas as instâncias.

Acompanhamos a evolução da telefonia, de seus tamanhos, e preços de ligações, desde a ficha telefônica, cartões, etc

Quando em um jogo existia um elemento que faziam movimentos próprios, desviando, se protegendo de ataques do jogador humano, usávamos a nomenclatura: "programado", hoje, chamado de NPC.

Programado era o termo correto. Jamais poderíamos usar a expressão (inteligência artificial).

Me recordo bem que a informação era escassa a respeito de tecnologia e o pouco que tínhamos realmente de lançamentos, novidades eram de empresas fora do país.

Desde aquela época, sempre tivemos sonhos sobre a realidade de robôs fazendo grande parte de todos os trabalhos humanos, seja por ilustração, seja por textos apocalípticos.

O mercado da época era focado nos computadores pessoais, que a cada dia era mais acessível. Era a era de ouro dos processadores de 8 bits.

Dentre as publicações regulares, tínhamos a "Revista Input" e a "Revista Micro Sistemas".

A Revista Micro Sistemas recentemente fez uma capa em homenagem a sua época de sucesso, e para nossa grande decepção, a capa comemorativa contém a expressão infundada "Inteligência Artificial" e um robô pintando a imagem Monalisa, comprovando a contaminação da informação sensacionalista.

Um detalhe interessante é que meu primeiro livro "alugado" da biblioteca era sobre Ficção Científica, do tipo, invenções futuras e o outro era sobre programação.

Moeda Digital

Em um dos capítulos anteriores, falamos sobre o "ClickBait" como a moeda do momento.

Juntamente com ela, temos o tempo em que as Páginas, sistemas, Aplicativos, Games, Filmes, Redes Sociais, etc. Essas "plataformas" se auto desenvolvem, criando, se reinventando maneira e artimanhas para "nos prendermos" a eles.

Foi-se comprovado que existe um processo químico no cérebro sobre ação e recompensa.

Processos esses que comumente de maneira fisiológica equivale a trabalho e recebimento, é arquitetada nessas plataformas para sempre receber o mínimo de recompensa (injusto) rápida como estímulo para ficar mais e mais.

Tentarei exemplificar:

Quando postamos um vídeo, passamos de estágio em um game, assistimos a um vídeo ou filme em um momento em que o personagem conquista algo, ou algo que sentimos um prazer, esse prazer faz com que o cérebro libere a DOPAMINA.

Até aí tudo bem. O problema está que essa DOPAMINA liberada ensina o cérebro que quando fazemos tal coisa, ganhamos ela.

Como o processo é bem pequeno, POUCO ESFORÇO para se ganhar, isso estimula a gente a fazer mais.

Bom, se a DOPAMINA me dá prazer fazendo essas coisas nessas plataformas listadas acima, porque iríamos ter de fazer MAIS ESFORÇO em outros lugares (trabalhar pra ganhar dinheiro, conquistar, estudar para crescer, ajudar as pessoas?

Uma mente adulta, não (viciada/adicta), tem um auto controle, e consegue se afastar. Com o tempo essa força fica menor.

Mas e um adolescente e criança?

Bom, o propósito aqui é demonstrar de como essas "Ridiculous A.I." treinadas a fim de somente analisar e criar situações, te cerceando, para capturar a sua atenção, criando um círculo vicioso, "enrolando" o máximo possível a fim de você colocar seu tempo/atenção na plataforma, ficar mais nela.

Reparou o quanto as redes sociais lhe mostram realmente o que é interessante pra tí? Que sugestionam canais de vídeos similares daqueles que você já curtiu para você curtir mais.

Então, essa "Ridiculous A.I." é uma ferramenta, uma ferramenta, uma marionete, a ser utilizada para fins próprio: a de transformar a sua atenção em curtida.

No início de minha profissão de programador, fiz algo novo para uma empresa, uma fórmula recursiva que geravam outras fórmulas. Foi muito interessante, porque um fórmula se tornava equivalente e outras fórmulas eram conjuntos de outras fórmulas. Como na matemática, mas no caso era possível aplicar aos compostos químicos. Como foi uma inovação, logo uma outra empresa, concorrente e também cliente da empresa de SoftHouse que trabalhava, me chamaram pra uma reunião. Meio que em off uma pessoa dessa outra empresa me perguntou se existiria alguma forma de eu fornecer essas fórmulas para tal empresa. Baseado em minhas raízes, expliquei de maneira clara e em tom de ultimato que eu seria incapaz de fazer isso e ainda perguntei como eles se sentiriam se soubessem que aquela primeira empresa me pedisse a mesma coisa.

Toda essa lembrança pode nos trazer o seguinte questionamento: e se fosse uma "Ridiculous A.I."?

Ela poderia ser enganada a fornecer tal conteúdo?

Um outro exemplo que me veio agora ao lembrar de uma pessoa muito querida que faz imitações e fez grande sucesso recentemente. Tudo bem que hoje ela tem certa prática em imitar tal personagem. Mas tantas quantas maneiras, ensaios, tentativas, pesquisas, "chutes no balde" que ela possa ter passado para adquirir tal prática?

Nós mesmo temos guardado em nossas tenras infância/ memória de certos acontecimentos que foram marcos em nossas vidas.

Mas e uma "Ridiculous A.I."? Ela coloca isso em questão no seu julgamento?

Não, ela simplesmente teria tal função (imitação do tal personagem) e pronto. Exerceria sempre quando o quisesse.

Podemos ponderar muito isso, pois isso diz quem nós

somos, como decidimos, e isso nos difere da "Máquina de Turing".

Não fazemos as coisas somente por dinheiro, status, poder. Fazemos as coisas por emoção, amor, carinho e principalmente por caridade, até o ponto de sacrificarmos certas coisas em prol da felicidade e sobrevivência do próximo.

Talento Nato

....

É verdade dizer que o sonho das pessoas é algo que nos faz mover.

Sonhar em ser artista, seja ele pintor(a), cantor(a), programador(a), escritor(a), é algo sublime digno de todo o esforço contido.

Com isso as I.As, no sentido básico, promete tornar tais sonhos em realidade a micro curto espaço de tempo.

Será que todo o esforço contido pode ser expresso em simples palavras?

Será que quando escrevermos no PROMPT: Céu azul com sol brilhante em uma praia, e quando a gente for escolher das 3,10,100,1.000 imagens que a I.A criar, eu conseguirei escolher com exatidão a que me remete ao real sentimento? Ou eu somente iria escolher uma "mais parecida" e tudo bem?

Quando o telefone foi inventado, muitas pessoas disseram que seria impossível sentir confiança em alguém com o qual a gente não estaria vendo nos olhos.

Quando os carros foram inventados, foi se dito estradas seriam criadas para os carros.

E voltando um pouco mais atrás, temos a seguinte narrativa:

Os primeiros pintores de quadro, arrancavam grandes lascas de árvores, e com "chumaços" de cerdas formadas por pequenos ramos e amarrados, criavam-se os primeiros pincéis. Utilizavam também da mistura de mel com corantes naturais a vase de flores principalmente. E por fim, pintavam as lascas dando forma. Alguns realmente eram bastante impressionantes.

Mas impressionante mesmo era que eles escondiam os pincéis. E não davam respostas sinceras ou detalhadas de como faziam para pintar as lascas.

Demorou décadas para que esses artistas descobrissem que o dom, o talento estava na capacidade deles, no cérebro deles de criar, e não nas ferramentas.

A evolução certamente ocorre. É necessária.

Porem maquiar a evolução, é cortar raízes e criar o

caos.

Informação Distorcida, Fake News são as pragas e a verdadeira pandemia do milênio. É como uma mentira, o falso, a falta de responsabilidade. Tudo para chamar a atenção, ter mais um like.

Isso tudo caríssimos, quando penas falamos de nomenclatura de I.A.

Não podemos jamais confundir e achar que as "Ridiculous A.I." são mais do mesmo, que seguirão o curso natural da evolução como o telefone, carro, etc.

Espero que esse seja o real erro por estar passando desapercebido.

Capítulo 7 Futuro

O Futuro é incerto, mas pode ser mudado (um pouco).

Se exigirmos um feedback, lista de acessos, as referências do resultado do procedimento realizado pelas "Ridiculous A.I.", Talvez consigamos em parte preservar as raízes de dar os devidos créditos a seus autores.

O que está por vir ?

O que esperar das "Ridiculous A.I."?

Nada de idéias novas.

Somente o "recalcamento" de trabalhos.

E um pouco além!

O próprio cérebro humano é bastante limitado, no sentido de só possuir, interagir com aquilo que conhece (consciente ou inconsciente), principalmente para o que é nomeado? Não. Essas lacunas são preenchidas por muitas inúmeras informações do DNA, insights, criação e inovação. Mais um item desprovido da "Máquina de Turing", ou seja, a "Ridiculous A.I.".

Um clássico exemplo disso é o TEMPO e o ESPAÇO. Ambos fisicamente inexistem. Mas conseguimos até mesmo mensurá-lo. Essa utopia criada é graças a uma mente realmente inteligente, a do ser humano.

Como última evolução conhecida na presente data de hoje, a Mídia Sintética vem para comprovar que a única proximidade possível com o ser humano é através de cordas e correntes humanas que manipulariam essas "Ridiculous A.I." e as chamam de independentes, manipulados pelo financiamento, patrocínio.

Mas isso podemos deixar para um futuro distante ou não.

Por hora, apenas reconsiderem errôneo o título de "Inteligência" para essa "Máquina de Turing Universal" (Universal Turing Machine, UTM, em inglês), ou seja, essa estúpida "Ridiculous A.I.".

Carros Autônomos

Em um montante maior, vamos falar sobre os carros dirigidos pelas "Ridiculous A.I.".

Eles seguem certamente um padrão à risca, principalmente ao item segurança, que é o mais importante.

Obedecem os sinais, a velocidade, procura o melhor caminho (o qual levará menos tempo e não o mais curto).

Mas e hipoteticamente se algo inesperado ocorrer?

A pessoa desmaiar por estar embriagado (ou não), ter um ataque epilético, simplesmente precisar sair por algum motivo.

Um animal ou pessoa atravessa a rua..

Certamente eles tenham protocolo para tudo isso.

Mas isso não quer dizer que toda área poderia ser substituído com eficácia essa "Ridiculous A.I."

Não podemos ser radicais e temos que ponderar caso a caso.

E isso não é uma regra.

Por isso somos superiores as máquinas.

Não é?

Uma máquina certamente diria diferente nesse caso, como se o caso fosse o "Processar Dados" somente.

Um "Ridiculous A.I." diria que todo o restante é substituível por ela.

Limites

....

O termo em forma de "meme" "Seria engraçado se não fosse trágico", referindo a algumas reportagens no último ano a respeito da Saúde, em geral a pública, dizendo polêmica que os profissionais da medicina nem olham para o(a) paciente e já receitam algo comum para tomar.

A BrainNet festeja a inclusão da "Ridiculous A.I." na ajuda fomentado a substituição do médico por ela, justificando ser superior.

O que ocorre é que seria somente um questionário interrogado por uma interface mais amigável.

O trabalho de um médico não se limita somente a verificar níveis de de valores de exames, avaliar questionários, conversar com o paciente.

É necessário a empatia, uma conversa mais atmosférica, intuitiva, um real acompanhamento.

Sim, assim em todas as profissões, mas estamos exemplificando aqui nesse tipo de profissional.

PréFixo Artesão

O lado bom é:

Particularmente eu nunca me preocupei com essas "Ridiculous A.I.".

Pensem comigo: podem sim existir muitos carros dirigíveis pra elas, designers, tradutores, etc.

Agora imaginem o quando será valorizado os humanos? Ganharíamos o pré-fixo nome artesãos.

Vamos mais uma vez exemplificar com um exemplo novo....

Bolos industrializados: existem muitos hoje em dia.

Mas nem por isso os bolos caseiros deixaram de existir.

E olha que esses bolos de copos fazem mui sucesso.

É um nicho de mercado que poderia ser muito explorado em muitos muitos lugares do mundo.

Custo baixo, alta qualidade e ganhos muitos bons.

Isso graças a fabricação de bolos industriais.

Isso sem falar das trufas! Ahh, como uma trufa caseira é ótima.

Então, porque se preocupar?

Motorista Humano ou Motorista Virtual?

Pintor Humano ou Pintor Digital?

Design Humano ou Design Virtual?

Amor Humano ou Amor Digital?

O Amor, O Perdão E A Caridade

E tudo isso ainda temos o maior dos diferenciais: a nossa alma, o nosso espírito.

Que podemos chamar de aquilo que nos transcendem.

Quando em algum momento de nossas vidas nos sentimos tocados para ajudar alguém.

Quando sentimos que deveríamos tirar um dia de folga e passear no parque sozinho e ponderar.

Nossos "deja-vú", lembranças, nostalgia, sonhos.

Quando largamos nossa faculdade ou trocamos de tralho, por algo que nos dê mais paixão.

Caríssimos, jamais, jamais as "Ridiculous A.I." deveriam serem reconhecidas como tais!

São máquinas de Turing, ou simplesmente, computador.

"Ridiculous A.I." só parecem com a Inteligência Humana por serem fantoches de seres humanos".

Cópia da Cópia

Em 1990 mais ou menos, me recordo de uma música que eu tinha no computador era o tema do Filme Missão Impossível. Era uma música muito interessante e no aplicativo que o "tocava" era possível ver com distinção de 4 faixas de ondas sonoras.

Era muito simples, em 8 bits podemos dizer. Mas a melodia existia sim!!!

Rapidamente ouve um grande Febre de músicas: os CDs. Em fim foi-se criado uma maneira MEIO QUE DIGITAL podemos dizer assim. Os primeiros CDs eram réplicas dos LPs, com limitação sonora certamente. No início, no caso do som, as informações não foram gravadas digitalmente em sua essência. Era uma espécie de ONDAS, mas com faixas sonoras limitadas, graduações limitadas, se comparadas com os LPs.

Mas isso já contribuiu muito. A qualidade embora menos extensa era mais límpida. Também era a princípio mais durável, mais seguro guardar.

Juntamente com a explosão dos computadores PCs, 286s, 386s, Pentiums, e os da Apple (Macintosh). Eles continham algo um pouco paradoxo para nós na época, que em pouco tempo se tornaria tão comum quando o próprio computador: gravador de CD.

Para os que não sabem, esse foi o casamento perfeito para a grande pirataria de CDs. (Já havia sim a pirataria de Fitas-Cassetes, pirataria de filmes por fitas de Vídeo-Cassetes), e depois softwares.

No caso da música, para gravar um CD, era necessário utilizar um processo chamado de RIPAR. Esse processo, consistia em ter a gravação da música CRUA, diretamente do LP e convertida para .WAV, (WAVEform audio, formato da Microsoft com a IBM para arquivamento de Áudios).

O problema desse arquivo é que ele era "grande" para a época (e também para a nossa se compararmos com o .MP3).

Então o processo de gravação dele, para os CDs (processo dessa época, não estamos falando de arquivos digitais, mas sim de formatos WAVs) era lento, o processamento era lento.

Nessa época o JPEG, GIF, MPEG, MP3 estavam nascendo, se

desenvolvendo, criando-se um padrão.

Então criou-se um processo de compactação rústico, que cortavam os segmentos das ondas, deixando-as menos detalhadas.

Tinhas um arquivo muito menor, cerca de 80% menor, com uma qualidade do tipo: audível.

O processo de gravação era muito mais rápido.

Agora veja o seguinte. Pessoas que trabalham com música, possuem no mínimo o bom senso de ter algo muito interessantes. MAs esse processo começou a fazer cascata. Ou seja, A pessoa que tinha um CD passava pra outra, e ela COPIAVA para o computador. Para poder gravar novamente.

Quando ela fazia isso, pra se fazer isso, necessitava do processo de RIPAGEM novamente. E naquela época esses processos não se preocupavam muito e sempre havia o modo automático o qual compactava (perdia) mais um pouco dos segmentos de ondas.

E por fim começaram os formatos MP3s, que descaradamente compactava sem limites os áudios, mas nesse caso DIGITALMENTE.

Eu mesmo cheguei a ter músicas idênticas com vários tamanhos de arquivo, mostrando de forma paupável que "faltava" informação.

Essa "Ridiculous IA", que já existia no processo de RIPAGEM, já começava a mostrar a maneira que processaria não só as músicas, áudios, mas depois os filmes, etc.

Vejamos, sim claro, compactação é evolução.

Jamais discutiria isso! Mas o que falamos aqui é sobre o "preço" que pagamos quando utilizamos a "Ridiculous IA" nesses processos.

A "Ridiculous IA" quando utilizada como apoio em tarefas repetitivas, não causa tanto impacto.

Mas no caso das "cópias" de "cópias", com o tempo, muitas pessoas perderam toda a essência da música.

Capítulo 8 Sobre outras coisas :(

....

    A maioria das coisas aqui são óbvias. Mas se fazem necessárias justamente para verificarmos o quando certas concessões acabam se tornando "aceitas" e "comum" por força maior seja da mídia, pela maioria das pessoas, pela BrainNet das "Ridiculous A.I.".

    Lembrando que algumas citações são por pura diversão tal é o contexto que nos expõe quase ao ridículo ao ler que quando usamos não percebemos.

Carro Elétrico

.....⋯........ . . . . . .

Em 1974, João Gurgel apresentou em um dos mais importantes programas de TV de uma das maiores emissoras, com um dos apresentadores mais conhecido, a então evolução do Carro Elétrico.

Simplesmente o apresentador "Ridiculous" riu dele. Riu não do projeto, da evolução, mas talvez pelo formato do carro ou pelo grande abismo entre a sustentabilidade e a especulação do petróleo que esse invento criaria.

Acreditem, hoje, 9 de abril de 2023 os jornais dizem que o padrão do uso do carro elétrico pode nunca existir, uma utopia, graças novamente ao capitalismo pelo petróleo, por uma BrainNet cega.

e-Mail adicionando e-Mails Patrocinados

....

E então você no decorrer do dia entra em seu e-Mail, na caixa de entrada, e quando vais clicar em um e-Mail para abrir, a lista muda de lugar porque a empresa inseriu 2 e-Mails acima, de patrocínio, fazendo você clicar no e-Mail errado, tendo de retornar, e aguardar para clicar no e-Mail correto.

Não mostrar Cursor/Linha do Tempo

Redes sociais que não mostram a linha do tempo do vídeo, não permitem avançar ou retroceder. Eles te forçam a ver o vídeo inteiro.

Anúncios "Ridiculous A.I."

Anúncios patrocinados nos sites de busca sem referência ao conteúdo.

E ainda, alguns sites são pré-montados e criam seu anúncio instantâneo.

Exemplo:

Procuro sobre Editor de Vídeo X.

Sites concorrentes Y dizem que contém informações do concorrente X que acabamos de pesquisar e quando entramos neles, eles dizem que o Y é melhor e mais completo.

Publicidade no meio do vídeo

Plataformas de Vídeos invadindo com publicidade o vídeo. (Poderia ter um pequeno adendo sobre o vídeo sobre o anúncio, ou abaixo do player). Empresas, tenham a certeza. Há certos anúncios que gostamos de ver.

Seguir Canais

Plataforma de Vídeos força/sugere postagens de canais
que não seguimos ainda. Segue a mesma linha de outras
plataformas. Você segue alguns canais, mas não acompanha
eles porque o FEED força outros canais. Isso é péssimo. Já
tenho a lista de pessoas que gosto, que foram escolhidas,
estudadas para meu repertório. Mas não, as bigTechs não
estão a fim de serem úteis, poderiam até serem mais úteis,
mas preferem serem menos úteis.

Nossa Inteligência é Superior

Criadores de conteúdo repetindo milhares de vezes: Se gostou, clique em curtir. Assine e ative "o sininho". Poxa, se gostarmos, certamente clicaremos em curtir. E óbvio, se quisermos saber mais, clicaremos em assinar. E por último, se acharmos realmente necessário, ativaremos o "sininho"!

Abusos de Poder

Me recordo que não ha muito tempo, se eu procurasse algo nos portais de busca, por exemplo: "Nome do Efeito de tocar as teclas do piano forte e fraco" eu recebia muitas informações interessantes.

Hoje se faço isso, me deparo primeiramente a uma pequena lista de oferecimento de vendas de teclados, uma lista de vídeos para aprender a tocar rapidamente.

A informação mesmo, ficou extinta.

Desserviços

Em suma, deveríamos estar mui mais avançados, mas não estamos. BigTechs incluem desserviços dentro de migalhas de soluções.

Esses são alguns outros pequenos detalhes que acumulados, durante dia, meses, nos, nos fazem perder mui tempo.

É um desserviço a humanidade.

Poderíamos estar caminhando muito mais rápido.

Mais uma vez, o problema não é o contexto em sí, mas o do permitir.

Acaba se tornando comum.

E o comum se torna padrão.

E esse padrão nos faz esquecer do real.

Capítulo 9 BrainStorm

Nosso BrainStorm, nessa tempestade de idéias relacionadas indiretamente com as "Ridiculous A.I." nos colocarão em um mar de idéias e reflexões, que as "Ridiculous A.I." jamais compreenderão, e se tornarão com base para enganá-las futuramente, a fim de provar mais uma vez a sua inferioridade perante a "Inteligência Orgânica".

2 Imitações E O Mundo se Abriu

Nunca acreditei ou esperei que uma grande oportunidade aparecesse em minha vida.

Mas como tudo no mundo pode ocorrer, e dizem que milagres acontecem, então tudo é possível.

Na minha versão, acredito que uma pequena oportunidade pode aparecer.

E se estivermos vibrando, atentos, com competência para reconhecer essa pequena luz, certamente nos agarraremos a ela.

E uma vez com ela, iremos alimentá-la, talvez até de maneira despretenciosa, como lazer, brincadeira.

Ou para alguns, de maneira realmente de objetivos único na vida, sabendo lhe valer que és uma oportunidade de ingresso a novos horizontes.

Através dessa semente e insistência, a planta germinará e em um belo dia de sol, haverá uma flor.

E tudo se transformará. Isso não é imaginação: é realidade.

E através daquela pequena oportunidade, esse pequeno raio de luz irá refletir e encontrar sua matriz novamente.

E então a grande oportunidade ocorrerá.

O mais interessante é que nós frequentemente não iremos ser nomeados ou reconhecidos mais pela pequena oportunidade.

E afinal de contas, nem é por isso. A pequena oportunidade foi um adendo, um ensaio.

E agora com essa grande oportunidade a nossa porta, será mostrado ao mundo quão grande somos, nossa essência.

E assim é...

As vezes as pequenas oportunidades são portais que nos levam ao infinito de possibilidades.

Se a terra é boa e bem cuidada, basta cuidar da semente. Independente se gostamos ou não.

E isso é Inteligência Orgânica, um ser humano.

Algo que a "Ridiculous A.I." jamais poderia vivenciar.

A Vida é um Jogo

Eu costumava brincar que a vida é um jogo...

E que na vida é mui difícil a gente ganhar sempre de 0.

Frequentemente levaremos 1 gol ou mais.

Podemos até perder de vez em quando.

O importante é sempre lutar, continuar melhorando nosso time interno.

Mas não é nada sobre isso o segredo.

A final, o segredo sempre é escondido no lugar menos provável....

Pois é, recentemente descobri esse segredo...

Vamos nomear nossa vida como ela é no vídeo game... Em um tipo RPG. (Role-Playing Game) Um jogo que vamos crescendo, personalizando conforme jogamos... (de forma bem básica), é um modelos de jogo que fazem maior sucesso, desde quando foi lançado, pois o jogador tem que equilibrar seus atributos (POTENCIAIS) e saber lidar com eles.

Vida, Estamina, Magia são os principais POTENCIAIS que temos.

Quando jogamos RPG, nossos avanços seja pelo combate ou exploração, ganhamos PONTOS dos quais podem serem aplicados na quantidade de tamanho dos nossos POTENCIAIS de VIDA, ESTAMINA, MAGIA. Esses POTENCIAIS são gastos conforme os movimentos, força, vitalidade, quando ocorrem no jogo por opção do jogador.

Esses POTENCIAIS podem ser alterados conforme ganhamos PONTOS. Aumentar por exemplo UM PONTO no POTENCIAL VIDA, quer dizer que o jogador terá mais força, poderá receber mais dano, por exemplo. Com isso, o jogador consegue criar sua própria estratégia. Existem inúmeras variações desse estilo de jogo RPG que realmente criam uma atmosfera fantástica de ilusão de comportamentos.

Mas o que gostaria de inserir aqui para nosso entendimento, é que possivelmente existe um tipo de POTENCIAL chamado VIVÊNCIA/VIRTUDE em nossas vidas reais.

Como funciona?

Ele funciona tipo um termômetro. Conforme nossa vivência é boa, nossa virtude, bondade, nossas boas ações são realizadas, nosso termômetro "sobe". E com isso, nosso poder psíquico, nossa intuição, nossa capacidade espiritual é magnificada.

E o contrário ocorre também. Quando magoamos, somos rudes, fazemos algo ruim, o termômetro baixa.

Particularmente eu acredito que o termômetro tende a baixar naturalmente quando não fazemos nada e quando fazemos algo "ruim", ele baixa em uma intensidade muito maior, talvez até zerar. E então teríamos que recomeçar tudo novamente!

"A Nossa Vivência Constrói Nosso Futuro"

Fio da Ninhada

Uma coisa leva a outra. Mas tem o ponto de partida.

Podemos começar um assunto aqui nada a ver e virar um coisa muito boa.

Mas também podemos começar um assunto pesado e nos deixar muito tristes.

Tudo depende de onde nossa atenção está, de o que queremos desenvolver.

Com programação é assim. Começamos a pensar nas variáveis, nos laços, nos "SEs" e nas múltiplas escolhas. E então começamos a escrever os códigos.

E depois recomeçamos a percorrer novamente, testando muitas possibilidades.

Na vida é mais ou menos assim.

Trace teu destino, mantenha o foco e mentalize as possíveis escolhas.

Só preste atenção para não perder o "fio da ninhada".

Portas

Lugares são chaves. Pessoas são chaves. Pensamentos são chaves. Situações são chaves. Atenção são chaves.

Porque as vezes determinado assunto, abre um porta.

Tudo é Relativo Efeito Borboleta?

Qualquer coisa que seja feito no mundo, por menor que seja, causa um impacto geral que poderia mudar tudo.

Se por exemplo esse pequeno "cisco" aqui na mesa parado, está lá, inerte.

Mas se eu mexer ele, ele mudará todo o mundo.

Quer ver.

Pronto, eu mexí. E isso está fazendo com que o mundo seja o que de agora em diante.

Porque?

Porque o tempo que estamos gastando aqui agora falando sobre isso está ocupando o "espaço/tempo" de algo que poderíamos estar falando do qual poderia também ter mudado tudo.

Por exemplo, nesse outro momento sem ser esse, você poderia ter dado um sorriso que tivesse me feito apaixonar e então casaríamos, teríamos um filho que poderia ter sido um astronauta.

As possibilidade são imensas.

Agora quer ver até onde sua mente pode viajar?

Isso falamos de um cisco. Mas se estivéssemos falando de uma pessoa, de uma idéia, repassando algo, fofocando, inventando, criando?

As possibilidades do fazer e do não fazer seriam grandiosas ou desastrosas tanto quanto os referidos atos.

Por isso é extremamente importante que sejamos cientes 100% do tempo do que estamos fazendo, principalmente procurando fazer algo realmente relevante a nós mesmos.

Todos de tempos em tempos nos deparamos pensando em como nossa vida poderia ter sido um pouquinho só diferente. Temos aquela sensação que está faltando algo, que poderíamos sermos mais. Esse sentimos é o acúmulo da nossa inércia, de nossas melhores escolhas.

O fazem o bem é normal. É medíocre (médio). Temos de fazer sempre o máximo, o ótimo. Mais que o possível.

Somente assim sairemos da "média".

E nem é pelo fazer pelo próximo. Embora louvável. O que importaria é que nós estamos fazendo o mais que nosso melhor. E isso faz a diferença somente pelo fazer mesmo. Tanto que esse fazer tira aquele sentimento que fizemos pelo próximo. Porque a satisfação que nós fizemos o mais que o máximo é algo incomparável do simples fazer de ajudar o próximo.

E num futuro próximo, quando pararmos pra pensar, diretos: caralho, a gente arrebentou mesmo!

Ganha e Perca

Se um ganha é porque outros perderam!

E o prêmio de 1 "PentaMilhão" foi para, uma única, do planeta Terra.

E a perca de 1 unidade de investimento foi para as 999 quatrilhões, 999 trilhões, 999 bilhões, 999 milhões, 999 mil e 999 que não foram sorteadas...

Tudo é perfeito

Até o imperfeito é perfeito quando feito pelo perfeito

A estrada é perfeitamente irregular.

O cocô da pomba é perfeitamente plausível pra comprar um camiseta ali, naquela loja agora.

O que parece não é

Tem aparência de quem canta, pode até cantar, mas não é uma referência de quem realmente canta.

As pessoas que são, não aparentam que são: não precisam parecer, elas simplesmente são.

A majestade não está na coroa.

Já reparou que algumas são mais altas do que aparentam ser?

Capítulo 10 Testes e Desafios

....

Esses são alguns testes sugestivos a fazerem para as dias "I.As."

Mas por favor, levem em conta a idéia da lógica da criação e não no exemplo em sí.

Já que facilmente após a inserção da solução deles nas redes, possivelmente alguma "Ridiculous A.I." poderá consultá-la.

O propósito aqui é mostrar a limitação da criação de solução, o qual é nato na Inteligência Orgânica do ser Humano.

Seria mui bem interessante que as "Ridiculous A.I." Fossem obrigadas a fornecer suas fontes referente ao resultado feito.

Círculo na Apple

....

Esse teste foi uma solução quando me deparei quando criança que computadores da Apple não conseguiam criar um Círculo.

Hoje em dia existem LINUX, IOS (APPLE), e Windows (temos outros nos Mobiles e alguns menos utilizados), mas naquela época, cada empresa tinha sua própria versão de Sistema Operacional.

Na década de 80, os computadores que existiam eram diferentes entre sí, principalmente a arquitetura. Eram computadores pessoais com versões diferentes de sistemas. Um não se comunica com o outro.

O Basic era o padrão, mas cada um diferente de outro computador. Chamávamos isso de DIALETOS.

Exemplo, para limpar a "tela", em alguns seria o comando HOME, em outros CLS.

Um dos mais famosos era os computadores da linha MSX, aqui no Brasil encontrados como modelo EXPERT.

A diferença deles era que eles tinham processadores dedicados a som, imagem e música.

Isso era um grande diferencial, principalmente para a criação de jogos.

Com isso haviam ferramentas neles mais acessíveis, como por exemplo um comando: CIRCLE.

Esse comando permitia rapidamente que criássemos um círculo ou uma elipse.

Uma outra linha de computadores não tão famosa, mas que tinha seu espaço por se comprometer com soluções mais de escritórios, podemos assim dizer, eram os APPLE'S.

Editores de Texto (processadores de texto), Planilhas, Banco de Dados dentre outros eram seus diferenciais.

Como não eram primariamente construídos para a aplicação de entretenimento, eles não continham especificações para essa linda e assim, sua linguagem não era formada para facilitar tais investimentos.

Portanto, não havia um comando que desenhasse CÍRCULOS como nos computadores pessoais da linha MSX e outros.

Solução:

Tendo como base o plano cartesiano, utilizar as funções SENO para Eixo X e COSSENO pra Eixo Y, pontuar as referencias de -1.5 a 1.5 de graduação .1 (para maior resolução, aumenta-se a graduação) devidamente multiplicadas por 10 e somado mais 100. Ao conectar os pontos, teremos um círculo.

Teste da Lâmpada

Esse teste não é meu, encontrei em um vídeo sugestionado em uma rede social.

Há 3 interruptores que ligam um lâmpada que está sobre um mesa a 3 andares acima.

Pode-se apertar tantas quantas vezes quiserem os interruptores.

Mas só pode subir para verificar um vez, a fim de responder qual dos interruptores é o correto que acenderia a lâmpada.

Como faria?

Esse é um outro tipo de situação que somente uma inteligência humana poderia criar/imaginar/inovar para solucionar.

Uma "Ridiculous A.I." só poderia acertar caso a solução estivesse arquivada na Internet por exemplo.

Solução:

Uma das soluções possíveis é:

Ligar interruptor 1 e esperar 3 minutos.

Ligar interruptor 2 e subir.

Caso esteja aceso, é o 2. Caso a lâmpada esteja fria, é o 3.

E caso esteja um pouco quente, é o 1.

Capítulo 11 Considerações Finais

Talvez o termo Inteligência Artificial é errôneo porque não se refere a todo o conjunto de habilidade que a Inteligência é referida.

Relembrando:

"Inteligência é um conjunto que forma todas as características intelectuais de um indivíduo, ou seja, a faculdade de conhecer, compreender, raciocinar, pensar e interpretar. A inteligência é uma das principais distinções entre o ser humano e os outros animais".

Cada um de nós refutaria todas as minhas afirmações acima tranquilamente, com até mais de 3 opções.

Mas o legado é o de deixar nossa atenção sempre apontada para se não estamos perdendo informação na adaptação de nossa inteligência para as "Ridiculous A.I.".

A não ser pelo exemplo de solução pra criar o tal círculo em computadores da Apple (na ocasião daqueles modelos).

De repente, estamos abrindo uma linha de inserção para as atuais "Ridiculous A.I." de uma nova geração.

Como seria a minha "Ridiculous A.I."

E aqui um bônus, algo totalmente dentro da questão, mas olhando por um ângulo mais pessoal.

Acredito que as "Ridiculous A.I." deveriam parecer com um antigo algoritmo que fiz, ainda quando criança, no meu antigo Apple II:

Era um pequeno quadrado de dimensões tipo, 64x64 pontos. O inimigo era um ponto e ele tinha como objetivo sobreviver. Por isso ele precisava se alimentar dos pontos verdes. Só que para isso ele teria que se movimentar até lá e isso gastaria energia/vida.

O que eu gostada de ver nesse algoritmo funcionando era a mudança de percurso. No começo ele sempre ia para o mais perto. Mas depois de alguns ajustes, o algoritmo conseguia ir para o mais longe porque sabia "guardar" a vida para poder explorar outros pontos verdes próximos deles.

Com o tempo foi adicionado pontos de perigo, forçando o algoritmo enfrentar e mesmo perdendo pontos de vida, caminhar e alcançar locais com mais pontos verdes, mesmo com tais inimigos presentes.

Uma "Ridiculous A.I." hoje, que tivesse uma energia limitada, e isso acumulada com uma base de dados PRÓPRIA pra cada seção, poderia começar a criar um tipo de identidade para ela.

Isso de uma maneira interpolada, poderia sugerir que ela mesma pudesse criar uma estratégia de caminhar melhor, e tomasse decisões no decorrer de um caminho.

Então automaticamente teria também um banco de dados de falhas.

A final, teria o fator de que Ninguém é Perfeito, mesmo uma "Ridiculous A.I."!

Conclusão

●●●●● ● ● ● ● ● ● ● ● ● ● ● ● ● ●
● ● ●
●

O que realmente tudo que vimos aqui nesse livro, poderia ser mui bem resumido:

A definição de conceito deve ser mui bem definida e o termo Inteligência Artificial só deve ser empregado quando realmente existir.

O uso inadequado de rótulos há tempos são explorados pela mídia sensacionalista.

O maior problema é a utilização desse e de outros termos.

Há alguns outros exemplos dessa má utilização no Capítulo Final: "Sobre Outras Coisas"

Agradeço a todos que chegaram até aqui e que estão em minha vida, que compartilharam e compartilham toda a minha jornada.

Cada um vê um mundo através de seus olhos. Mundo esse diferente para cada um.

Tudo que vemos é real? Acreditamos em tudo que lemos? Que vemos?

E antigamente? Os livros sempre nos informaram corretamente?

Alguma coisa mudou?

Deixo com vocês a citação de Krishnamurti:

"Quando observamos algo, aquilo que observamos, se prestarmos atenção, somos nós mesmos. A coisa observada é o observador" (quando olhamos para algo, aquilo que vemos somos nós, porque nós é o que damos forma ela).

Grato pelo tempo de vocês,

Sucesso sempre.

Sam Sam

1 de Maio de 2.023

Notas das Edições

PRIMEIRA EDIÇÃO 1 de Maio de 2.023

Certamente contém muitos erros de sintaxe e lógica, referências, etc. Então ficam minhas sinceras desculpas.

www.ingramcontent.com/pod-product-compliance
Lightning Source LLC
Chambersburg PA
CBHW070435220526
45466CB00004B/1692